WEIHNACHTLICHES SPRUCHBÜCHLEIN

OGHAM BÜCHEREI

3

Bruno Endlich

Weihnachtliches Spruchbüchlein

Von Advent bis Dreikönig

OGHAM VERLAG STUTTGART

Einbandgestaltung von Christiane Lesch
und Lotte Boelger-Kling (Schrift)

4. Auflage 1991

Satz: Hermann Weyhing, Stuttgart
Druck: Maisch + Queck, Gerlingen
ISBN 3-88455-003-9

Kapitelübersicht und Reihenfolge:

ZUM GELEIT

Wird Christus tausendmal
zu Bethlehem geboren
und nicht in dir:
du bleibst noch ewiglich verloren.

ANGELUS SILESIUS

Kaum in einer Zeit sehnt sich der Mensch mehr nach Stille und Geborgenheit als in den Tagen um Weihnachten. Die äußere Welt der Lichtreklamen, der Hektik und des Gedröhns liefert hierzu ein Kontrastprogramm, das uns vielfach daran hindert, zur Besinnung zu kommen.

Wie können wir eintauchen in den Geist weihnachtlichen Geschehens und wieder stille werden, um auf jene Stimmen des Herzens zu lauschen, die uns Dichterworte durch den Gang der Zeiten bescherten?

Das weihnachtliche Spruchbüchlein möchte hierzu eine Handreichung bieten. Die ausgewählten Gedichte und Sprüche führen von der Zeit adventlicher Heilserwartung bis zur Weihenacht und weiter bis zum Fest der Erscheinung Christi (Dreikönigstag).

Und doch ist dieses Büchlein nicht ein Weihnachtsbüchlein im üblichen Sinne, denn es wurden vorzugsweise neuere Texte aufgenommen, die weniger bekannt sind und deren innere Aussage sich dem Leser vielleicht unmittelbarer und erlebniskräftiger erschließt, als das bei geläufigen Lied- und Spruchtexten der Fall sein kann. Diese haben für uns schon mehr einen zeremoniellen Charakter bekommen und versetzen uns in eine Kindheits-Seelenstimmung zurück, der wir vielleicht längst entwachsen sind. Wie spricht die Weihnacht heute zu uns? Wirft nicht das Kreuz von Golgatha seinen Schatten voraus und erfahren wir nicht alltäglich von Schrecknissen der Welt, die Menschen den Menschen, der Kreatur, oder der Erde antun?

Wie das Weihnachtsfest durch die Jahrtausende seit der ersten Christnacht zu Bethlehem immer mehr und mehr an Bedeutung gewann und innigere, herzbewegendere Züge bekam, so darf auch hinsichtlich des christlichen Verständnisses für die Festtagsereignisse an ein Weiterwachsen gedacht werden.

Franz von Assisi (um 1200) hat wohl als Erster mit seinen geistlichen Brüdern Weihnachten in einer in einen Stall verwandelten Grotte – in Anwesenheit eines leibhaftigen Ochsen und Esels – die Heilige Nacht auf lebendige, unmittelbare Weise gefeiert.

Mit den deutschen Mystikern, es sei nur an Johann Tauler (um 1300) erinnert, erschloß sich der abendländischen Menschheit jene Gemütstiefe, die uns erst ein Weihnachtsfest mit Tannenbaum, Weihnachtsliedern, Weihnachtsspielen, Kerzenschein und Kinderfreuden bescherte. Das vermarktete Fest ist heute aber in der Gefahr, seinen inneren Gehalt einzubüßen und zur bloßen Formsache zu werden. Die Frage kann uns heutige Menschen deshalb bewegen: Wie erspüren wir im Weihnachtslicht unseres Jahrhunderts an der Schwelle zum nächsten Jahrtausend die Sprache des allgegenwärtigen Christus, des Friedefürsten und waltenden Geistes der Liebe?

Hier sind es Dichterworte und Verse von Geistsuchern, die erspü-

ren lassen, wie Künftiges im Gegenwärtigen und Vergangenen webt.
Solche Texte mit Bezug zum Weihnachtsgeschehen und zum Menschen hat der Herausgeber ausgewählt als ein inneres Weggeleit durch die weihnachtliche Zeit. Sie möchten zum Erklingen kommen in der zu Stille und Einkehr strebenden Zeit um die Mitternachtsstunde des Jahreslaufes.

Stuttgart, Advent 1981

Bruno Endlich

Es kommt ein Schiff, geladen
ganz bis zum höchsten Bord,
es bringt uns den Sohn des Vaters,
das ewig wahre Wort.

Auf einem stillen Wasser
kommt uns das kleine Schiff,
es bringt uns reiche Gabe,
die Heilige Königin.

Maria, du edle Rose,
aller Gnaden Reis,
du schöne Zeitlose,
mach uns von Sünden frei.

Das kleine Schiff geht stille
und bringt uns reiche Fracht,
das Segel ist die Liebe,
der Heilige Geist der Mast.

Johannes Tauler

Wo bleibst du, Trost der ganzen Welt?
Herberg' ist dir schon längst bestellt.
Verlangend sieht ein jedes dich
Und öffnet deinem Segen sich.

Geuß, Vater, ihn gewaltig aus,
Gib ihn aus deinem Arm heraus:
Nur Unschuld, Lieb' und süße Scham
Hielt ihn, daß er nicht längst schon kam.

Treib ihn von dir in unsern Arm,
Daß er von deinem Hauch noch warm;
In schweren Wolken sammle ihn
Und laß ihn so hernieder ziehn.

In kühlen Strömen send' ihn her,
In Feuerflammen lodre er,
In Luft und Öl, in Klang und Tau
Durchdring' er unserer Erde Bau.

So wird der heil'ge Kampf gekämpft,
So wird der Hölle Grimm gedämpft,
Und ewig blühend geht allhier
Das alte Paradies herfür.

Novalis

Je dunkler die Tage,
je länger die Nacht,
je banger die Frage,
je tiefer der Schacht –

nur höher die Feier,
nur heller der Schein!
Ich wage es freier,
dem Licht mich zu weih'n.

Ich wage und traue:
In Nacht tritt das Licht!
Ich staune und schaue:
Das Dunkel zerbricht.

Käte Njanapu Just

Mantel der Nacht,
Der du der Welt
Heilig Geheimnis
Tief in dir birgst,
Hebe den Saum –
Denn schon ein Schimmer
Des Urfeuers der Liebe,
Der mich, den Harrenden,
Trifft,
Facht das Feuer der Hoffnung,
Die Wärme des Glaubens,
Die Leuchte des Wissens
Mir an
Auf Äonen.

Otto Kaltenbrunner

Ich ahne Dich, Du nahest durch Äonen,
Seit Urbeginne hüte ich Dein Pfand,
Und mögen Lügen türmen die Dämonen,
Verdichtend sie zu einer blinden Wand,

Und Haß und Gier zu gift'gen Wolken ballen
Vernichtung säend, ängstigend das Blut –
Ich ahne Dich im Frührot heilger Glut,
Im Kiefernrauschen Deins Mantels Wallen.

Die Hölle höhnt – doch Du bist nicht mehr fern.
Der Abgrund gähnt – dort droben steht Dein Stern.
Ich ahne Dich in unserm Schmerz und Grauen.
Laß mich im Licht Dein lichtes Antlitz schauen.

Margarita Woloschin

O du
von Wunder und Wunden erschütterte Erde –
wähne dich nicht verlassen
in einer dunkelsten Stunde.

Denn stille glüht dir im Innern
die Macht des purpurnen Blutes
und du schwebest im All
als Stern der höchsten Verheißung;
daß nun in dir sich entzünde
der Liebe unsterblich Flamme
gleich einer Rose entsendend
den Atem ewigen Heils.

Susanne von Bonin

ein Engel
dämmert grünspanüberwölkt
am Flügeltor

wir erkennen
nur wenige grünere
Linien

sein Mantelkleid
nach hinten fliegend
und

einen Trompetenstrahl
vor sich
herblasend

aber stumm

öffne das Tor
so tönen
die Angeln

Gottfried Schäfer
aus »Besichtigung«

Sie verstand es nicht.
Wie sollte sie es auch verstehen?

Diese Sprache klang
    so urgewaltig,
        so erhaben –
und niemand hierzulande
    hatte
        sie je gehört.

Doch was tat's?

Ein jeder Laut
    goß einen Strom von Leben
        in ihr Sein.

Es flutete
    ein sie umbrandend Meer
aus dieses Boten Worten
    wuchtig wallend
        zu ihr her –,
und wie sie auch,
    in Ehrfurcht wehrend,
        erst zurückwich,
des Engels Stimme hatte
    solch sanfte Strahlenmacht,
daß all ihr Wesen
    staunend sich erschloß,

verstehend jetzt
der Erde,
ja, der Menschheit Los:
Zu fassen Seine Nähe,
im Mutterschoß der Schmerzen
Gott zu gebären.
zu tragen
durch die Nacht der Nächte
Seiner Liebe
allumfangend Sonnenwort.

Ruth Dubach

Sprich mich nicht an! Ich kann dir nichts erwidern.
Ich höre nur der Laute Lobgesang.
Ich hab ein Amt, begreif: den heilgen Liedern
Zu dienen, Klang bei Klang.

Doch fürchte nichts! Denn über allen Worten
Und allem, was geschieht und je geschah,
Klingt dieser Ton, und tönt an allen Orten.
Wags und stimm ein, und du bist mir ganz nah.

Albrecht Goes

Nun ziehen bald die stillen Tage ein
Und legen grauen Flor um hohe Tannen.
Längst fiel das Laub. Die Vögel flohn von dannen;
Du bleibst mit der Erinnerung allein.

Und Wehmut rührt dich an, ein sanftes Lied,
Gesungen von den Engeln und den Toten.
Im fahlen Sonnenschein schaust du die Boten
Des Seelenlands hinwallen durch das Ried.

Ein Lächeln goldet auf und wärmt dich scheu
Von ferneher, beglänzt vergangne Stunden,
Erfüllt die Luft, du atmest frisch und neu,

Als hättest du zur Heimat hingefunden.
Und erster Schnee fällt wie gesponnenes Licht,
Verklärt der Erde müdes Angesicht.

Maria Modena

Wenn der Schnee ans Fenster fällt,
Lang die Abendglocke läutet,
Vielen ist der Tisch bereitet
Und das Haus ist wohlbestellt.

Mancher auf der Wanderschaft
Kommt ans Tor auf dunklen Pfaden.
Golden blüht der Baum der Gnaden
Aus der Erde kühlem Saft.

Wanderer tritt still herein;
Schmerz versteinert die Schwelle.
Da erglänzt in reiner Helle
Auf dem Tische Brot und Wein.

Georg Trakl

Es kam der Frost, es kam das Eis,
erstarrt liegt die Natur,
Doch klage nicht, es ist kein Tod,
es ist ein Ruhen nur.
Vom Blühen und vom Tragen
ruht nun aus der müde Baum,
Der Vogel, lauten Singens satt,
singt nur noch wie im Traum;
Der Bach, des Laufens müde,
ruht im Bette von Kristall,
Es schläfet süßen, stillen Schlaf
die Erde überall.
Nur du, du willst nicht stillestehn
in deinem wachen Schmerz,
Aufs neu' treibst du die Wellen fort,
ruhloses, heißes Herz!

Justinus Kerner

Finsternisse fallen dichter
Auf Gebirge, Stadt und Tal.
Doch schon flammen kleine Lichter
Tief aus Fenstern ohne Zahl.

Immer klarer, immer milder,
Längs des Stroms gebognem Lauf,
Blinken irdische Sternenbilder
Nun zu himmlischen hinauf.

Hans Carossa

Niederfallend sanft
aus flockigem Lichtschnee
nahet ein Stern, –
ruht
in Mantels Falte geschmiegt.
O himmlisches Wundergebilde! –
durch Menschenhauch
gewandelt gleich
zur perlenden Träne,
spiegelnd des Auges
staunendes Blau.

Susanne von Bonin

Osther weht der Winterwind,
Und des Sees Gewässer rauchen;
Kälte macht den Spiegel blind,
Seine Seele wird verhauchen.

Hart zu sein ist jetzt Befehl.
Ringsum lohen weiße Brände;
Nur der Wälder-Archipel
Schwärzt das schiere Schneegelände.

Wie es wogt und braut und kocht
Über dieser Flur der Fluten!
Schneller atmet, pulst und pocht
Jetzt ihr Herz, sich warm zu bluten.

Doch wir sehn im Kälterauch
Ein Geheimnis der Verwandlung,
Und im See nach altem Brauch
Das Gefäß der heiligen Handlung.

Hermann Hiltbrunner

Unter den Schlieren Eises wohnt die Erinnerung.
An Weidenruten haftet Frost.
Hat sich eine Hütte gemacht.
von kalter Weisheit weiß.
Schläft darin einen langen Tag.
Der Tag, der ist ein Schlaf und Trost.
Wird abends wach.
Des Abends wacht er leis:
Klopft von unten an die gläserne Decke.
Der Trost, der spiegelt einen Stern.
Da fallen die Sterne ein als Flocken.
Der fällt auf Gottes Geheiß.
Und sie erhebt sich aus ihrer Gebücktheit.
Der fällt vom Himmel gar zu gern.
Sammelt alle die flockige Wolle.
Und er fällt tausendfach.
Macht sich ein Kleid daraus.
Fällt als ein Wollgewand des Herrn.
Geht durch die Teiche und Hügel des Winters.
Das bildet nun die Glieder nach
Und erzählt sich selber ihre singende Herkunft
der Trauernden am Teich.
Singt ihre Herkunft sich vor:
Und hüllt sie warm und weich und wach.
Einmal – singt sie – war ich eine blühende Wiese.
Und die es hüllt, sind reich

Lauter Sinngrün meines Denkens dehnte die Halme.
beschenkt mit Gotterinnerung
Davor war ich ein schlafender Teich
und Gottes Trost zugleich.
mit Tierorganengewimmel und zappelnden Füßen,
Die sich erinnert, die war jung,
lauter Springfüßen oder schwimmhäutigen Händen.
weltjung in Vielgestalt
Davor war ich eine traurige Schönheit,
und immer voll Verwandelung:
das Antlitz gebunden in wissendem Kummer
War traurig und war alt
und ging über die Asphodelenwiesen
und kam aus Gottes Geist daher
wie jetzt durch die Teiche und Hügel.
und darum tausendfalt.
Damals zog mich die Trauer zu den Menschen,
Zuweilen federleicht und schwer
weil mich die Engel von ihren Tischen verstießen...
wie Stein, doch immer schön,
Siehst du, das alles war ich einmal.
wie wenn sie Gottes Kummer wär.
Nun ist es Winter geworden.
Ich hab sie selbst gesehn.
Weiß Gott, ein weißer Winter geworden.
Und mancher sah sie, der nun schweigt,

Nun muß ich die Sternflocken
um den Nachtwinde wehn.
zu einem Wollkleid mir klauben.
Sie hat sich ab und zu gezeigt
Kann eine Weile wach sein. Kommt dann
im Sternkleid als ein Vliess
der Dämmer, wanke ich traurig zurück
ganz weißer Lämmer federleicht...
in die Kammer unter den Schlieren von Eis, wo
Nun ist sie das und dies
zuweilen ein tröstender Traum kommt
im Schneefall hingeschwunden weiß
von einer Weihnacht der Geister.
wie in ein Paradies
der Weihnacht unterm Eis.

Diese Weihnacht muß noch kommen. Sie steht vor der Tür. Das wird eine Weltweihnacht sein. Alle Fühlenden sind dann Hirten. Alle Denkende Könige. Und die Erinnerung der Geister singend über der Winterlandschaft, zeigt dann, was es an sich hat, das Eis: die Farben des Regenbogens; was es an sich hat, das Denken: die sieben Farben der sieben erinnernden Geister...

Berthold Wulf

Markt und Straßen stehn verlassen,
still erleuchtet jedes Haus,
sinnend geh' ich durch die Gassen,
alles sieht so festlich aus.

An den Fenstern haben Frauen
buntes Spielzeug fromm geschmückt,
tausend Kindlein stehn und schauen,
sind so wunderstill beglückt.

Und ich wandre aus den Mauern
bis hinaus ins freie Feld,
hehres Glänzen, heil'ges Schauern!
Wie so weit und still die Welt!

Sterne hoch die Kreise schlingen,
aus des Schnees Einsamkeit
steigt's wie wunderbares Singen –
o du gnadenreiche Zeit!

Joseph von Eichendorff

Mögt ihr auch in die allerfernste Ferne,
die flimmernde, des Weltenraumes spähn,
ihr könnt nur Sterne, immer neue Sterne,
doch nirgends könnt ihr meinesgleichen sehn.

Ich komme aus der andern Welt und Zeit
zufolge Gottes deutender Gebärde
und ziehe über Bethlehems Gebreit
und über all die Traurigkeit der Erde.

Denkt nicht, ich wäre schon, ich selbst, das Licht.
Das Licht ist unbegreiflich eins und keins.
Ich bin, der sich im Erdendämmer bricht,
der Schein nur, nur der Widerschein des Scheins,

ein Zeichen nur in dieser Nacht und Stille.
Vielleicht daß einer, der mich sieht, sich bang
erhebt und aufbricht und aus seiner Fülle
ins Ungewisse geht sein Leben lang.

Manfred Haussmann

Daß die Sterne so unsagbar trösten,
läßt uns ahnen, daß wir ihren klaren
Lichtesreichen, ehe wir uns lösten,
angehörten, den unwandelbaren.

Götterliebe und der Sterne Glänzen
sind dem Herzen darum ewig teuer,
gleich dem Heiligtum voll Scheu umkränzen
wir in Demut ihre Leuchte-Feuer.

Alfred Schütze

Aus dem Schnee gar wundersam
blüht schon deine Blume.
Wo die Wurzel Nahrung nahm
in gefrorner Krume.

Deine zarte Knospe bricht
aus des Winters Hülle,
deiner Blüte reines Licht
atmet in die Stille.

Herz, nun hat es keine Not,
daß uns Rettung werde –
Leben blüht aus dunklem Tod,
aus der Nacht der Erde...

Georg Unterbuchner

Im Winterboden schläft, ein Blumenkeim,
Der Schmetterling, der einst um Busch und Hügel
In Frühlingsnächten wiegt den samtnen Flügel;
Nie soll er kosten deinen Honigseim.

Wer aber weiß, ob nicht ein zarter Geist,
Wenn jede Zier des Sommers hingesunken,
Dereinst, von deinem leisen Dufte trunken,
Mir unsichtbar, dich blühende umkreist?

Eduard Mörike

Wie ist die Rose sanft erblüht
im heiligen Odem dieser Nacht!
Das Sternenbild, das in ihr schlief,
ist aus der Tiefe aufgewacht.

So ward im Herzensgrund erweckt
die Liebe, drin das Weltall tönt.
O atme sie durch weiße Nacht,
daß Erd' und Himmel sich versöhnt.

Paul Bühler

Nun um Weihnacht leg das Ohr
an den Bienenkorb und lausche.
Kaum vernehmbar klingt Gerausche
wie aus tiefem Bronn hervor,

muschelhaft geheimnisvoll.
Und dir ist, als hörtest du
Raunen im Erdinnern zu,
wo von uns erspürt sein soll

neuen Nektars junges Werden. –
Lauscher du am Bienenstand,
dringt Gehör in deine Füße

für die Sonne in der Erden,
für die honigliche Süße,
die entsteigt dem frost'gen Land?

Annegritt Holtfreter

Es traut ein Reh
sich in das Dorf herein
auf reinem Schnee,
als müsse wo
ein Wesen sein,
vor dem die Furcht
vergeh',
vor dem es wie
im Paradies
im Schein
der Sonne
steh'...

Paul Bühler

Klar ist am Abend der Himmel,
Hell sind die weiten Sterne,
Hell wie des Kindes Glück.
O, dürfte ich wünschen mein Glück
Hell, wie die Sterne in hoher Ferne!

Warum ich nicht glücklich?
Fragen die Menschen mich.
Darum nicht glücklich,
Ihr braven Brüder, weil Himmel und Sterne sind.
Sterne und Himmel sind. Und ich – bin ein Menschenkind.

Unten die Brüder für Brüder
Den Neid nur nähren.
Ich mag hingegen
Neid nur für Sterne noch hegen;
Nur noch die Wohnstatt der Sterne begehren.

*

Sterne in hoher Ferne!
Und ich – nur ein Menschenkind?

Doch Menschenkind sein
Heißt weben im Schein
Vom Weihnachtsstern.
Heißt Erdenschmerzen
Tragen im Herzen
Frei und gern.

Wenn ich pflege
Den Weg aller Wege,
Schweigt Sehnsucht nach Erdenferne.
Und gerne
Bin ich – ein Menschenkind.
Wenn auch Sterne und Himmel sind.

Denn alles Leben auf Erden
Will Weihnachtslicht werden.
Und ich – Menschenkind find'
Das Glück im Leben
Im hellen Weben
Des Sterns aller Sterne.

Michail Jurgewitsch Lermontow,
übersetzt und fortgeführt von Anni Ruhtenberg

Ich bin
mehr als das tote Gestein,
weil der Vater
als Weltengestalter
aufrechten Gang meinem Körper gegeben.

Ich bin
mehr als die schlafende Pflanze,
weil der Sohn
als Weltenwort
in meinem Herzen wohnt.

Ich bin
mehr als das träumende Tier,
weil der Geist
als Weltengedanke
mein Haupt erleuchtet.

Ich bin Mensch,
Schöpfer an der Gemeinschaft
freier Wesen,
Miterlöser aller Kreaturen,
durch Wahrheit,
durch liebende Worte,
durch Taten, die stark sind.

Albert Steffen

Ja es ist wahr, was mir die Seele sagt
Tiefwinter-Nacht ist nun vorbei – es tagt!

Die Sonne ändert wieder ihren Lauf
Ihr golden Licht bricht in der Erde auf!

Es regt sich innig in der Tiefe Schoß
Es wächst und kraftet und wird weltengroß –

Erfüllt den Raum und überstrahlt Äonen
Und will mit seinem Glanze in dir wohnen.

Karl Georg Schoettle

Nacht, mehr denn lichte Nacht!
Nacht, lichter als der Tag!
Nacht, heller als die Sonn! in der das Licht geboren,
Das Gott, der Licht in Licht wohnhaftig, ihm erkoren!
O Nacht, die alle Nächt und Tage trotzdem mag!
O freudenreiche Nacht, in welcher Ach und Klag
Und Finsternis, und was sich auf die Welt verschworen,
Und Furcht und Höllen-Angst und Schrecken war verloren!
Der Himmel bricht; doch fällt nunmehr kein Donnerschlag.
Der Zeit und Nächte schuf, ist diese Nacht ankommen
Und hat das Recht der Zeit und Fleisch an sich genommen
Und unser Fleisch und Zeit der Ewigkeit vermacht.
Der Jammer trübe Nacht, die schwarze Nacht der Sünden,
Des Grabes Dunkelheit muß
durch die Nacht verschwinden.
Nacht, lichter als der Tag!
Nacht, mehr denn lichte Nacht!

Andreas Gryphius

Vom Himmel in die tiefsten Klüfte
Ein milder Stern herniederlacht;
Vom Tannenwalde steigen Düfte
Und hauchen durch die Winterlüfte,
Und kerzenhelle wird die Nacht.

Mir ist das Herz so froh erschrocken,
Das ist die liebe Weihnachtszeit!
Ich höre fernher Kirchenglocken
Mich lieblich heimatlich verlocken
In märchenstille Herrlichkeit

Ein frommer Zauber hält mich wieder,
Anbetend, staunend muß ich stehn;
Es sinkt auf meine Augenlider
Ein goldner Kindertraum hernieder
Ich fühl's, ein Wunder ist geschehn.

Theodor Storm

O Weihenacht
Du wundersame!
Der weiten Erde Rund
Wandelst zum Blütenkelche
Der schneeigen Christrose
Du!

Es trägt
Ihr sanft verströmender Duft
Der Menschen
Traumumfangene Seelen
Den fernen Geisteshöhen
Zu.

Doch jene, die wachen
In schauender Ehrfurcht,
Erleben
Im Dunkel der Heiligen Nacht
Die leuchtende Christussonne
Im Ich.

Und segnend breiten
Die lindernden Schleier
Der göttlichen Gnade
Erbarmend
Über die leidvolle Erde
Sich.

Else von Zarzecki

Die Lüfte hallen heilig-mild:
O präg uns ein, du Gottesbild,
den Urbeginn der Liebe!

Sie hauchen in die Nacht der Zeit:
Empfangt in Leidergebenheit
die Ewigkeit der Liebe!

Ihr Sterne, die zu ihm geführt,
– von Seiner Glorie berührt –
erglühet neu in Liebe.

Paul Bühler

Heil dem König, Heil dem König!
Gesegnet ist Er, gesegnet ist Er!
Heil dem König, Heil dem König!
Gesegnet ist Er, der König,
Von dem wir singen!
  Heil Allen! Freuet euch!

Dies ist die Nacht der höchsten Geburt,
Marien, der Jungfrau, Sohn ist geboren.
Der Licht-Sohn, aus Himmelshöhn stieg Er herab,
Nun haben erreicht seine Füße die Erde.
Himmel und Erde, sie leuchte Ihm!
  Heil Allen! Freuet euch!

...
Ihm erglühen die Berge und Täler,
Der Wogen Stimme, der Ufer Gesang,
Sie alle verkünden, daß Christus geboren,
Des Königs der Könige Sohn, aus dem Lande des Heils.
Hell strahl ihm auf hohen Bergen die Sonne.
  Heil Allen! Freuet euch!

Es leuchten vereint ihm Berge und Sphären,
Gott der Hehre, Er öffnet ein Tor.
Du Sohn der Maria, eil mir zu Hilfe,
Du Christ der Hoffnung, Du Freudentor,
Du goldene Sonne auf Bergen und Hügeln!
  Heil Allen! Freuet euch!

Alexander Carmichael

Nun ist es Weihnacht, und es spricht der Stein:
Ich bin das Aug der Erde und erschaue,
da ich am Grab des Christus Jesus baue,
wie er geboren aus dem Weltensein.

Nun ist es Christnacht, und es spricht der Baum:
Ich bin das Mark der Erde und erlebe,
Da ich das Holz zum Kreuzesstamme gebe,
die Auferstehung auch im Todestraum.

Und ich, so sprechen Adler in den Lüften,
und ich, so sprechen Löwen in den Klüften,
und ich, so sprechen Lämmer auf den Triften:
Wir sind vom Vaterherzen aufgenommen,
seit wir zur Wiege seines Sohns gekommen.

Das Menschen-Ich sagt dies zu aller Frommen.

Albert Steffen

In der Zeiten Wende
Trat das Welten-Geistes-Licht
In den irdischen Wesensstrom;
Nacht-Dunkel
Hatte ausgewaltet;
Taghelles Licht
Erstrahlte in Menschenseelen;
Licht,
Das erwärmet
Die armen Hirtenherzen;
Licht,
Das erleuchtet
Die weisen Königshäupter.
Göttliches Licht,
Christus-Sonne,
Erwärme
Unsere Herzen,
Erleuchte
Unsere Häupter, –
Daß gut werde,
Was wir
Aus Herzen gründen,
Was wir
Aus Häuptern
Zielvoll führen wollen.

Rudolf Steiner

In jenen ausgesparten Nächten,
da sich das Jahr zum Ringe schließt,
bricht quellend aus des Schlafes Schächten
ein Strom, der sich aus Gott ergießt.

Da leuchtet wie in der Legende
ein Stern an deinem Firmament,
der bis zu deiner Wallfahrt Ende
als Licht auf allen Wegen brennt.

Alfred Schütze

Es mangelt an dir

Ach, könnte nur dein Herz
zu einer Krippe werden,
Gott würde noch einmal
ein Kind auf dieser Erden.

Angelus Silesius

Nicht in den alten Tempeln
fand Jesus Christ sein Haus.
Drum suchen ihn die Weisen
und wandern weit hinaus.

Drum lauschen fromme Hirten,
tief über sich gebeugt,
daß ihnen Gottes Stimme
den Weg zur Krippe zeigt.

Und wo ihr Wissen endet
und wo ihr Glaube bricht,
fängt an die Nacht zu leuchten
von Christi Liebeslicht.

Paul Bühler

Weihnachtswege
weiß und weich –
Spuren leichter
Kinderfüße –
Rauhreif – Rehe –
Dämmerdunkel –
und die Hand, an
der ich schritt!
. . .
Wieder klingt es
fast wie damals,
nur durchtönt von
jenen drüben
– den Verjüngten,
die uns nah sind –:
Bruder
ich geh auch mit Dir!

Hin zur Krippe,
Du und ich,
hin zum Ort der
Herzensmitte,
wo das Kind den
Kummer stillt.
. . .

Worte wollen
Wiege werden,
Wiege für das
Wort der Worte,
das den
neuen Adam trägt.

Christine Berger-Gerstner

Manchmal schwingt es wie Glocken
weit her, fern.
Klingen die weißen Flocken?
Läutet der Weihnachtsstern?
  Und die Luft ist voll Mahnen
  freude-bang,
  als ob in heiligem Ahnen
  froh ein Herz aufsprang.
Kommen die Engel alle
zu uns her,
strahlt in Hütte und Halle
goldenes Lichtermeer:

Völkerführer und Zeiten-
Geister wehn,
wollen Lehrling und Meister
tief in die Seele sehn.
Offenbarer, Beweger,
Weltenherrn,
Deines Leibes Erreger
bringen den Geisteskern.
Leuchtende Cherubine
fragen Dich,
all-liebend Seraphime
tragen das Welten-Ich.
Und die Luft ist voll Mahnen,
Lob und Klang.
Menschheit darf erahnen
Heiligen Opfergang.

Friedrich Doldinger

In des Tempels Tiefen, zwischen Säulen,
wachen auf in altem Prophezein
zukunftstrunkne Farben, und sie eilen
hin zum Engeltrio, Ton zu sein.

Diese Töne, Rosenduft durchdrungen,
sie umwehn Maria und das Kind.
Und es werden ihre Huldigungen
Hüllen für das Licht, das niederrinnt

aus den aufgeschlossenen Himmelshöhen,
um sich in den jungen Leib zu senken,
ihn zum Hallelujah zu gestalten –

Töne werden nun ein Händefalten:
Mög' er Erde zu dem Himmel lenken,
mög' die Erde durch ihn auferstehen!

Annegritt Holtfreter

Wer sich im Dauernden erkennen will,
hält vor dem Schicksal, das vergangen, still.
Es steht vor ihm, was hinter ihm geschehen.
So heißt es vorwärts und nicht rückwärts gehen.

Die Bretter schaut er schon gefügt zum Sarg.
Der Weihnachtsbaum steht noch im Lebenspark.
Da ihm der Tod gebettet seine Glieder,
schwebt im Geäst ein Engelreigen nieder.

Als Greis steigt er hinunter in das Grab.
Vom Sternenkreis senkt sich ein Kind herab.
Die Hierarchien zählt er in neun Stufen
und hört, wie sie als zehnte ihn berufen.

Als Letzter darf der Mensch der Erstling sein
und schaun, zur Wiege wird der Totenschrein.
Den Heiland in der Krippe zu begrüßen,
setzt er beseligt sich zu seinen Füßen.

Albert Steffen

Im Seelenaug' sich spiegelt
Der Welten Hoffnungslicht,
Dem Geist ergeb'ne Weisheit
Im Menschenherzen spricht:
Des Vaters ewige Liebe
Den Sohn der Erde sendet,
Der gnadenvoll dem Menschenpfade
Die Himmelshelle spendet.

Rudolf Steiner

Nun erst leb ich ohne Fährde,
seit sich meinem Auge weist
das heilige Land um diese Erde,
die man also lobt und preist.
Mein ist, was ich je erbat,
da ich schauen darf den Pfad,
welchen menschlich Gott betrat.

Schöne Lande, segensreiche,
hab ich Wandrer viel gesehn,
keines, das sich dir vergleiche:
Was sind Wunder hier geschehn!
Eine Magd ein Kind gebar
hehr vor aller Engel Schar:
Ob das nicht ein Wunder war!

Walther von der Vogelweide

Jesuskind, wo bist du?
Du bist nicht mehr zu sehn.
Leer ist deine Krippe,
wo Ochs und Esel stehn.
Ich seh' Maria, die Mutter,
mit Joseph Hand in Hand,
ich seh' die schönen Fürsten
vom fernen Morgenland.
Doch dich kann ich nicht finden:
Wo bist du, Jesuskind?
– Ich bin im Herzen der Armen,
die ganz vergessen sind!

Maria voller Sorgen,
sie sucht dich überall.
Draußen bei den Hirten,
in jeder Eck' im Stall
Im Hof ruft Vater Joseph
und schaut ins Regenfaß.
Sogar der Mohrenkönig,
er wird vor Schrecken blaß.
Alles sucht und ruft dich,
wo bist du, Jesuskind?
– Ich bin im Herzen der Kranken,
die arm und einsam sind.

Die Könige sind gegangen,
sie sind schon klein und fern;
die Hirten auf dem Felde –
sie sehen nicht mehr den Stern.
Die Nacht wird kalt und finster –
erloschen ist das Licht,
die armen Menschen seufzen:
Nein, nein das war Er nicht.
Doch rufen sie noch immer:
Wo bist du, Jesuskind?
– Ich bin im Herzen der Heiden,
die ohne Hoffnung sind.

Jean Anouilh
Deutsch v. Franz Geiger

Gekommen in die Nacht der Welt
ist Gottes Licht;
Wir sind daran erwacht
und schlummern fürder nicht.
Wir schlummern fürder nicht
den Weltbetäubungsschlummer,
Wir blicken, wach im Licht,
aufs Nachtgrau ohne Kummer.
Wo ist der Nächte Graun?
Es ist vom Licht bezwungen;
Wir blicken mit Vertraun ins Licht,
vom Licht durchdrungen.
Daß wir durchdrungen sind vom Lichte,
dem wir dienen,
Wir zeigen's dem Gesind der Nacht
an unsern Mienen.
In hellen Mienen macht sich kund
die Kraft des Herrn,
Und wer nicht in der Nacht kann leuchten,
ist kein Stern.

Friedrich Rückert

Vater, du im Äther droben,
Mutter, die du Erde bist,
beide wollen wir euch loben,
daß das Licht geboren ist.

Euer Kind, das wunderreine,
leuchtend in der Winternacht,
hat mit warmem Lebensscheine
unser Leben hell entfacht.

Nirgends sonst in Ewigkeiten
tat sich dieses Wunder kund,
hier nur in der Erde Breiten
wurde wahr der heilge Bund

Alle deine Wesen preisen,
Mutter, – deine Kreatur,
Stein und Baum auf ihre Weisen –
was dir göttlich widerfuhr.

Und die Wolken und Gestirne,
Vater, alles was dein Reich
bis herab zum Gletscherfirne,
tut es dem hienieden gleich.

Nur durch euer Kind ist Leben,
hat die Welt Gestalt, Gesicht.
Alles wurde sich gegeben
durch das wundertätige Licht.

Vater, du im Äther droben,
Mutter, die du Erde bist,
wie euch heute alle loben,
daß das Licht geboren ist,

Preist ihr selbst euer mildes,
einziges, geliebtes Kind,
weil im Wirken seines Bildes
alle Wunder greifbar sind.

Gerhard Uhde

Als der Tag im Osten graute,
Wandersmann ein Kind erschaute
in der Höhle von Kristall.

Da er sich gen Mittag kehrte,
lag es auf der bloßen Erde,
lichtgebettet überall.

Westwärts in den Abenddämmern
fand er es bei Licht und Lämmern,
und die Krippe stand im Stall.

Mitternacht, die Weltenstunde
gibt von seiner Herkunft Kunde,
Wiege war der Sonnenball.

Licht der Welt herabgekommen
zu der Heimatlosen Frommen,
tönt der Himmel Widerhall.

Albert Steffen

Ist sie versunken, die Nacht?
Du fühlst:
Heut haben die Engel
über die Qual der Welt
einen Schleier gelegt
und ein heilig Arom.

In einer kleinen Blume Kelch
rinnt dein Leben –
Das ist, was dir blieb –
Aber es blüht
zum Unsterblichen,
und du weißt:
Das ist der Anbeginn
der Geistes-Kindheit.

Paul Bühler

Morgen weht der alte Wind
der so manchen Tag dich schreckte:
daß wir kleine, unbedeckte
Menschen sind.

Adam trat gebeugt hinaus
auf die kalten Erdenschrunden,
lernte leben: dornumwunden,
Fremdling ohne Haus.

Eva ging in armen Schuhn,
sah, der Sohn erschlug den andern.
Altes Brandmal: Mord und Wandern –
Menschentun.

Morgen breitet Flockenfall
drüberhin den alten Schimmer.
Morgen, alle Nacht und immer
wird Geburt im Stall.

Anja Hagemann

Gesegnet möge ich mich heute erheben,
Gott Herr, in deiner Hut gehen
und reiten, wohin ich mich im Lande wende.
Christ Herr, laß offenbar mir werden
die große Kraft deiner Güte,
und steh mir bei zu Ehren deiner Mutter.
Wie der heilige Engel ihr beigestanden
und dir, der in der Krippe lag
als junger Mensch und alter Gott,
demütig vor dem Esel und dem Rinde,
und dem doch mit glückhafter Hut
der liebe Gabriel beistand,
in Treue, ohne Arg,
so steh auch mir bei, daß sich erfülle
an mir dein göttliches Gebot.

Walther von der Vogelweide

Richte dich auf
du Menschenseele,
werde licht,
denn dein Licht kommt,
und die Lichtgewalt des Ich-Bin
strahlet auf über dir.

Denn siehe:
Finsternis umhüllt die Erdenwelt,
und Dunkel bedecket die Völker,
doch über dir gehet auf wie die Sonne
der Ich-Bin,
und seine Lichtgewalt
leuchtet auf über dir.

Und die Völker,
sie werden im Lichte deines Wesens
Wege finden zum Geiste:
Könige werden sie sein
in dem Morgenröteglanz
der da aufgeht über dir.

alttestamentliche Adventstimmung
(Jesaja 60, 1–3)
aus dem Hebräischen übersetzt von
Karl Friedrich Althoff

Es glimmt im Glutenschoß ein Rosenreis,
längst schien sein Trieb dem Leben abgestorben...
Da flammt es auf! Und meine Seele weiß
vom Licht des Ursprungs alles Sein umwoben –
Natur und Geist nicht länger mehr getrennt,
befeuernd eins dem andern einverwoben,
als Frag' und Antwort jedem Zwang enthoben
im Christ-beseelten Wärmeelement.

Emma Krell-Werth

Des irdischen Menschheitswerdens
Sonnen-Aufgang,
Das ist das Geheimnis
Auf dem Golgatha-Berg.
Im Weihnacht-Licht
Erstrahlet die Morgendämmerung.

In dieser Dämmerung
Mildem Licht
Verehr die Seele
Des eignen Wesens
Geistverwandte
Daseinsmacht und Quelle.

Rudolf Steiner

Was hält dich noch im Weltenall?
Was überdauert den Zerfall?

Ein Licht, das ewig sich vergibt.
Ein Lächeln, das versteht und liebt.

Ein Leuchten, das dein Ich bewahrt...
Es hat im Kind sich offenbart.

Es webt durch seinen Gottestraum.
Und blumengleich erblüht der Raum.

Paul Bühler

In des Menschen Seelengründen
Lebt die Geistes-Sonne siegessicher;
Des Gemütes rechte Kräfte,
Sie vermögen sie zu ahnen
In des Innern Winterleben,
Und des Herzens Hoffnungstrieb:
Er erschaut den Sonnen-Geistes-Sieg
In dem Weihnacht-Segenslichte,
Als dem Sinnbild höchsten Lebens
In des Winters tiefer Nacht.

Rudolf Steiner

Wenn ich denke:
In dem Haupte
wohnt der Vater –
kann ich da noch einsam sein
unter seinem All?
Liebe, die du nahst als Mutter,
lehr mich beten.

Wenn ich fühle:
In dem Herzen
wohnt der Christus –
kann ich da noch Kläger sein
unter seinem Kreuz?
Liebe, die du nahst als Schwester,
lehr mich leiden.

Wenn ich will:
In dem Schoße
wohnt die Taube –
kann ich da noch Schlange sein
unter ihrer Hut?
Liebe, die du nahst als Kind,
lehr mich selig sein.

Albert Steffen

Es wird das alte Jahr,
Das sich nun schleußt, gehalten,
Als wann's vergangen wär:
Und, dies ist wahr, mein Christ,
Wo du ein neuer Mensch
In Gott geworden bist;
Ist's nicht: so lebst du noch
Wahrhaftig in dem alten.

Angelus Silesius

Nicht vom letzten Schlittengleise
Bis zum neuen Flockentraum
Zähl' ich auf der Lebensreise
Den erfüllten Jahresraum.

Nicht vom ersten frischen Singen,
Das im Wald geboren ist,
Bis die Zweige wieder klingen,
Dauert mir die Jahresfrist.

Von der Kelter nicht zur Kelter
Dreht sich mir des Jahres Schwung,
Nein, in Flammen werd' ich älter
Und in Flammen wieder jung.

Von dem ersten Blitze heuer,
Der aus dunkler Wolke sprang,
Bis zu neuem Himmelsfeuer
Rechn' ich meinen Jahresgang.

Conrad Ferdinand Meyer

Das Jahr geht um,
Der Faden rollt sich sausend ab.
Ein Stündchen noch, das letzte heut,
Und stäubend rieselt in sein Grab,
Was einstens war lebendge Zeit.
Ich harre stumm.

's ist tiefe Nacht!
Ob wohl ein Auge offen noch?
In diesen Mauern rüttelt dein
Verrinnen, Zeit! Mir schaudert, doch
Es will die letzte Stunde sein
Einsam durchwacht,

Gesehen all,
Was ich begangen und gedacht.
Was mir aus Haupt und Herzen stieg,
Das steht nun eine ernste Wacht
Am Himmelstor. O halber Sieg!
O schwerer Fall!

Wie reißt der Wind
Am Fensterkreuze! Ja, es will
Auf Sturmesfittichen das Jahr
Zerstäuben, nicht ein Schatten still
Verhauchen unterm Sternenklar.
Du Sündenkind,

War nicht ein hohl
Und heimlich Sausen jeder Tag
In deiner wüsten Brust Verließ,
Wo langsam Stein an Stein zerbrach,
Wenn es den kalten Odem stieß
Vom starren Pol?

Mein Lämpchen will
Verlöschen, und begierig saugt
Der Docht den letzten Tropfen Öl.
Ist so mein Leben auch verraucht?
Eröffnet sich des Grabes Höhl
Mir schwarz und still?

Wohl in dem Kreis,
Den dieses Jahres Lauf umzieht,
Mein Leben bricht. Ich wußt es lang!
Und dennoch hat dies Herz geglüht
In eitler Leidenschaften Drang!
Mir brüht der Schweiß

Der tiefsten Angst
Auf Stirn und Hand. – Wie? dämmert feucht
Ein Stern dort durch die Wolken nicht?
Wär es der Liebe Stern vielleicht,
Dir zürnend mit dem trüben Licht,
Daß du so bangst?

Horch, welch Gesumm?
Und wieder? Sterbemelodie!
Die Glocke regt den ehrnen Mund.
O Herr, ich falle auf das Knie:
Sei gnädig meiner letzten Stund!
Das Jahr ist um!

Anette von Droste-Hülshoff

Sieh, über Nacht
haben die Göttlichen dir
ihren Teppich entrollt:
Ein neues Jahr –
deinen Augen
rein wie ein Schneefeld.
Niemand betrat es vor dir

und keine Spur
scheint dich zu führen.
Aber mit jedem
tastenden Schritte
belebt sich die Fläche
in Schattenkonturen;
Nahes wird Ferne.

Dein Fuß
schreibt in die Erde
Sühne und Schuld ein,
und in den Nächten
ziehen darüber
die Augen der Sterne.

Erika Beltle

In den Wanderschritt des Jahres
fügt sich eine Atempause,
ein Verweilen und Betrachten
der erlebten Schicksalsstufen.
In Bewußtseinsklarheit rücken
alle Höhen, alle Tiefen;
und aus vielverschlung'nen Wegen
offenbart sich weise Führung.

Heimlich locket ein Begehren,
noch einmal den so erhellten
Pfad des Jahres zu beschreiten.
Doch dem Wunsche wehrt die Weisung,
die bestimmt und unerbittlich
unsre Augen vorwärts lenket,
wo, dem Blicke noch verborgen,
neue Wege uns erwarten.

Zögernd tasten sich die Schritte
in der Zukunft Dunkelheiten.
Doch des Herzens mutig Hoffen
wird zum Stern, der führt und leuchtet.

Elisabeth Bauer

Zwölf geweihte Nächte stehen
Um die Wiege eines Jahres
Wie beim Königskind die Feen,
Schenken Gutes ihm und Wahres.

In der Weihenächte Mitte
Wird das neue Jahr geboren,
Und mit leicht beschwingtem Schritte
Huldigt ihm der Zug der Horen.

In der Nächte tiefem Schoße,
Sagt man, ruhn des Jahrs Geschicke.
Darum fallen ihm die Lose,
Wie es segnen ihre Blicke.

Wie sie still das Jahr begaben,
Werden sich die Monde zeigen
Was sie vorgezeichnet haben,
Muß vollenden sich im Reigen.

Zwölf der Monde, noch verborgen,
Dann ihr Angesicht enthüllen;
Wie das Heute, so das Morgen
Will mit neuem Werk sich füllen.

Zwölf der Bilder gehn im Kreise,
Eilen, Tag und Jahr zu runden.
Ihrer Ordnung gleicherweise
Fügen Monde sich und Stunden.

Jede, wann sie dir begegnet,
Kann begnaden dich mit Freude;
Mit besondren Kräften segnet
Jede: keine drum vergeude!

Wie in Schnee, der frisch gefallen,
Wanderfüße Stapfen graben,
Lässest Spuren du in allen.
Was sind, Wandrer, deine Gaben?

Hermann Siegel.

Länger fallen schon die Schatten,
Durch die kühle Abendluft,
Waldwärts über stille Matten
Schreitet Joseph von der Kluft,
Führt den Esel treu am Zügel;
Linde Lüfte fächeln kaum,
's sind der Engel leise Flügel,

Die das Kindlein sieht im Traum,
Und Maria schauet nieder
Auf das Kind voll Lust und Leid,
Singt im Herzen Wiegenlieder
In der stillen Einsamkeit.
Die Johanniswürmchen kreisen
Emsig leuchtend übern Weg,
Wollen der Mutter Gottes weisen
Durch die Wildnis jeden Steg,
Und durchs Gras geht süßes Schaudern,
Streift es ihres Mantels Saum;
Bächlein auch läßt jetzt sein Plaudern
und die Wälder flüstern kaum,
Daß sie nicht die Flucht verraten.

Und das Kindlein hob die Hand,
Da sie ihm so Liebes taten,
Segnete das stille Land,
Daß die Erd mit Blumen, Bäumen
Fernerhin in Ewigkeit
Nächtlich muß vom Himmel träumen –
O gebenedeite Zeit!

Joseph von Eichendorff

Auf dem Wege, immer wieder,
war's, als käm von fern Geschrei. –
Wurden aus den Schreien Lieder,
Blumen, Quellen und Schalmei?

Welch ein paradiesisch Leben
nach dem grausen Kindermord!
Die entleibten Seelchen streben
hierher, an den Zufluchtsort,

und sie dienen diesem Einen
Kind, daß es Beschützer sei:
»Nimm den Trank, er war ein Weinen,
hör' das Lied, es war ein Schrei!«

Annegritt Holtfreter

Wir sind mit unsrer Königsmacht
Schwermütig hergeritten.
Es schneite auf uns Tag und Nacht,
Auf Mann und Pferd und Schlitten.

Die Tür geht auf, es summt der Wind,
Wir beugen unsern Rücken,
Da wir das zauberische Kind
Im Dämmerlicht erblicken.

Hier ist das Gold, der Weihrauch hier
Und hier, o Kind, die Myrrhen.
Du lächelst, und schon fühlen wir,
Wie wir uns ganz verwirren.

Wir haben anders dich geglaubt.
Nun treten wir ins Dunkel
Und heben ab von unserm Haupt
Der Kronen Goldgefunkel.

Das Wissen von der bunten Welt,
Vom Meer und seinen Häfen,
Von Mond und Stern am Himmelszelt,
Wir streifen's von den Schläfen.

Das Ich, das trotzig sich erschuf
Über den andern allen,
Will nun wie ein verlorner Ruf
Im Innersten verhallen.

Wir neigen unsers Alters Gram
Auf deine Hände.
Und in dem Neigen wundersam
Geht alle Not zu Ende.

Die Pferde draußen schütteln sich
Und klirren mit den Glocken.
Und lautlos fallen Strich an Strich
Darüberhin die Flocken.

Manfred Hausmann

Sie hatten den Stern gesehen,
gesehen nicht nur, nein, vernommen,
den Sphärenklang und das Licht,
das gründig im Herzen erglommen.

Im All war das Wunder geschehen,
erahnt für die Mitte der Zeiten.
Der Stern, errechnet im Plan,
war erschienen, sie zu geleiten.

Nachtwandelnd auf ihren Kamelen,
in sich und am Himmel das Licht,
war nicht das Ziel zu verfehlen.
Kein Trug war ihr Sterengesicht.

Sie hatten sich fällig getroffen,
die drei aus dem Morgenland,
und waren verwundert betroffen
und wurden sich staunend bekannt.

Ihr auch zu dem Stern, wie, auch ihr?
Dann sind wir auf gleichem Pfade,
vereinigte Bruderschaft hier,
und reiten zum König der Gnade.

Zwölf Nächte währte die Reise
und heiligte Nacht und den Stern.
Sie schwiegen, erleuchtet als Weise,
und knieten dann opfernd vorm Herrn.

Gerhard Uhde

Breite, gottbewahrtes Wesen
aus dem Ätherheiligtume,
stille atmend wie die Blume
über alle Schuld Vergessen.

Ströme, Stern der Weisen, nieder
Geistesleuchten in die Erde,
daß die Seele innewerde:
Weltensonne kehret wieder.

Kind, o Spiegel für der Throne
Opfertat – o reine Hülle
für der Sonne Schöpferfülle!
Tempel, drin die Gottheit wohne!

Paul Bühler

Du heller Stern, der über meinen Himmel gleitet,
den ich im Morgenland des Traums geschaut,
der mich mit seinem Glanz geleitet,
wenn meine Seele von der Nacht umblaut,
was willst du über dieser Stätte lang verweilend sagen?
Bin ich am Ziel des Opfergangs durch Not und Dürre,
kann ich verschenken, was die Könige getragen,
das schwere Gold, den Weihrauch und die Myrrhe?

Alfred Schütze

Wo Felsgebirge rings den Blick umgrenzt,
Wandr' ich die Straße im beschneiten Tal.
Noch liegts im Schatten, vor mir nur erglänzt
Des Berges Stirn, geküßt vom Morgenstrahl.

So schreit' in stiller Luft ich durch den Tann,
Indes das Licht am Hange tiefer eilt.
Zurück dieselbe Strecke geh ich dann,
Vor mir die Wand nun, die zum Himmel steilt.

Dort oben blitzt ein Strahl, er blendet weiß.
Um hohe Zacke glüht und lohnt sein Brand,
Als könnte schmelzen er den Kalk wie Eis:
Das Sonnenwunder übersteigt die Wand.

Heut ist Erscheinungsfest. Mein Geist erwacht,
Als schaue er des Weltenlichtes Kern!
Den Weihetag gebar die Weihenacht.
Das Sonnenwunder überstrahlt den Stern.

Hermann Siegel

Wenn dein Weg gen Morgen weist,
Fühl' es innen tönen,
Wache, denn der Weltengeist
Will sich dir versöhnen.

Ob du an das Erdenlos
Noch so tief gekettet,
Die Erscheinung – leuchtend groß
Hat auch dich gerettet.

Nach dem Sturz ins tote Nichts
Gnade der Erhebung,
Aus dem Born des Weltenlichts
Schöpfe dir Belebung.

Claus von der Decken

INHALT ALPHABETISCH NACH VERFASSERN

INHALT ALPHABETISCH NACH VERFASSERN

GEDICHTANFÄNGE UND ÜBERSCHRIFTEN

GEDICHTANFÄNGE UND ÜBERSCHRIFTEN

GEDICHTANFÄNGE UND ÜBERSCHRIFTEN

Wir danken an dieser Stelle allen Autoren und Verlagen herzlich für die freundliche Abdruckgenehmigung der einzelnen Beiträge. Soweit keine Einzelbeiträge oder freie Werke benützt wurden, stammen die Gedichte und Sprüche aus den folgenden Verlagswerken:

Anouilh, Jean: Gesamtwerk, München, Verlag Albert Langen – Georg Müller

Beltle, Erika: Schaue, Lausche, Stuttgart 1962, J. Ch. Mellinger Verlag GmbH

Bonin, Susanne von: Weltensein und Seelensein im Geistesschein, Dornach 1974, Selbstverlag

Bühler, Paul: Kinder der Hirten, Stern der Weisen – Weihnachtsgedichte, Dornach 1967, Literarischer Verlag

Carossa, Hans: Gedichte, Frankfurt 1950, Insel Verlag

Doldinger, Friedrich: Die ewige Stadt, Freiburg/Br. 1946, Novalis Verlag

Goes, Albrecht: Gedichte, Frankfurt/M. 1950, S. Fischer Verlag

Hausmann, Manfred: Jahre des Lebens, Neukirchen-Vluyn 1974, Neukirchner Verlag des Erziehungsvereins GmbH

Hiltbrunner, Hermann: Lob der Jahreszeiten (Sammelband), Bern o. J., Benteli Verlag

Krell-Werth, Emma: Ruf des Pirol, Dornach 1976, Verlag Walter Keller

Schäfer, Gottfried: Besichtigung, Stuttgart 1977, Deutsche Verlags-Anstalt

Schütze, Alfred: Alles ist Saat, Stuttgart 1963, Verlag Urachhaus

Steffen, Albert: Geistige Heimat, Dornach 1941
- Wach auf, du Todesschläfer, Dornach 1941
- Steig auf den Parnass und schaue, Dornach 1960
- Wegzehrung, Dornach 1965
- Epoche, Dornach 1944,

Verlag für Schöne Wissenschaften.

Steiner, Rudolf: Wahrspruchworte (GA 40), Dornach 1980, Rudolf Steiner Verlag

Wulf, Berthold: Was bedeutet zu stehen unter dem Regenbogen, Zürich o. J., Okeanos Verlag Berthold Wulf

Wir danken auch Herrn von Wistinghausen, dem Schriftleiter der Zeitschrift DIE CHRISTENGEMEINSCHAFT für seine vielen Hinweise auf Adressen von Privatpersonen, deren Gedichte früher in der Zeitschrift erschienen und die wir dadurch hier aufnehmen konnten.